AF330284

LE
SUFFRAGE UNIVERSEL

ET LA

REPRÉSENTATION NATIONALE

Par Louis BARTHÉS

TOULOUSE

DELBOY PÈRE, LIBRAIRE-ÉDITEUR

71, RUE DE LA POMME, 71

—

1872

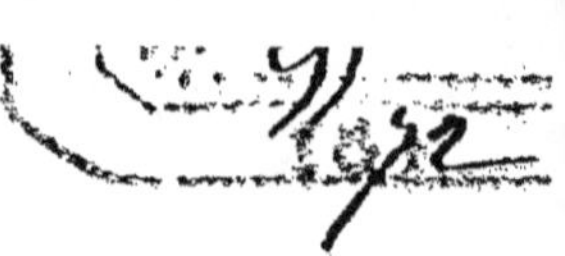

LE SUFFRAGE UNIVERSEL

ET

LA REPRÉSENTATION NATIONALE

LE
SUFFRAGE UNIVERSEL

ET LA
REPRÉSENTATION NATIONALE

Par Louis BARTHÉS

TOULOUSE

DELBOY PÈRE, LIBRAIRE-ÉDITEUR

71, RUE DE LA POMME, 71

1872

LE SUFFRAGE UNIVERSEL

ET

LA REPRÉSENTATION NATIONALE

CHAPITRE I

Le suffrage universel.

I

Lorsqu'un architecte pose le fondement d'un grand édifice, il doit apporter un soin particulier au choix de la pierre angulaire qui soutiendra son œuvre. S'il néglige cette prescription rigoureuse de la prudence, si la pierre qu'il choisit se trouve friable et légère, avant même qu'il lui soit donné de placer le couronnement de l'édifice, tout aura croulé dans le fracas le plus horrible, ensevelissant sous des montagnes de décombres, les malheureux ouvriers qui élevaient et embellissaient avec orgueil son œuvre insensée.

Nous tous donc, hommes d'ordre, qui avons aujourd'hui le devoir de relever, de la base au sommet, l'édifice gouvernemental de notre chère France, fixons attentivement l'œil de notre intelligence sur le suffrage universel, cette pierre angulaire que le consentement général veut poser comme la première assise de notre constitution intérieure. Une pareille étude, pour un cœur français, est un plaisir et un devoir.

II

Qu'est-ce que le suffrage universel ?

Demandons la réponse aux propagateurs de ce système gouvernemental.

« Le suffrage universel, nous diront-ils, est l'ex-
» pression libre de la volonté du peuple, et cette
» volonté se manifestant par le droit du nombre, est
» seule le fondement même, la consécration obligée
» de tout pouvoir et de toute loi. »

Arrêtons-nous à l'examen de la première partie de cette définition : « Le suffrage universel est l'expres-
» sion libre de la volonté du peuple. »

Expression libre ! volonté du peuple !... Que signi-
fient donc ces termes ? ou à qui veut-on en imposer ? Nous avons vu fonctionner le suffrage universel, et voici ce que tout le monde a pu voir avec nous :

Le gouvernement et les partis, ayant chacun leurs candidats, interpellent le peuple : « Peuple, lui crient-
» ils par les mille voix des journaux, des affiches et
» des réunions publiques, peuple, tu es souverain ;
» c'est de toi qu'émanent essentiellement le pouvoir,
» le droit, la loi. Tu es roi, mais comme ta souverai-
» neté, courbée sous les nécessités temporelles et
» n'ayant pu faire son éducation politique, courrait
» le risque de s'égarer, nous venons proposer UN
» TEL à ton libre suffrage. Nomme-le, et tous les
» abus disparaîtront ; nomme-le, et la France, ta
» patrie, sera grande et prospère ; nomme-le, et tous

» les besoins, tous tes désirs même seront satisfaits;
» nomme-le, et la gloire et la richesse se feront tes
» humbles servantes, etc., etc. »

Et le peuple, ignorant le premier mot de la politique et de l'économie sociale, le peuple, illusionné, ahuri par ces clameurs diverses, finit presque toujours par donner ses votes au parti qui a su le mieux le flatter, qui a fait le plus de bruit, et qui s'est le plus habilement agité. Et c'est là ce qu'on ose nommer « l'expression libre de la volonté du » peuple! » Ah! il n'y a qu'un mot qui soit assez fort pour qualifier de pareilles manœuvres, c'est le mot jonglerie!

Un jour, dans un moment de triste ou mauvaise humeur, comme on voudra l'appeler, notre esprit s'arrêtait avec quelque indignation sur le jeu de toutes ces ficelles du suffrage populaire que nos habiles savent si bien exploiter. Il nous parut que nous étions introduit dans une modeste échoppe de savetier. Là, plusieurs robustes enfants de saint Crépin, sans doute pour se distraire de leur humble et pénible travail, s'évertuaient à seriner des airs à un pauvre petit oiseau emprisonné dans une cage. Seulement, chacun des ouvriers chantait un air différent, de sorte que les oreilles de l'intéressant bipède étaient sollicitées par un vrai charivari. Toutefois, au milieu de cet atroce concert, une voix retentissait plus haute que toutes les autres, et comme d'ailleurs elle était accompagnée d'un jeu de physionomie extrêmement mobile, elle

parvint à fixer plus particulièrement l'attention du serin. Bientôt après l'inconsciente petite bête répétait imperturbablement le chant de l'énergumène; et à cette vue nous nous écriâmes avec tristesse : « Voilà,
» oui voilà une image frappante de ce qu'est, dans
» la pratique, ce suffrage universel que tant de per-
» sonnes exaltent jusqu'aux nues! Ce n'est qu'une
» chanterelle aux serins! » Pauvre suffrage! pauvre peuple!

III

On nous objectera, peut-être, qu'un tel état de choses ne durera pas toujours, que le programme des chauds partisans du suffrage universel comprend l'instruction primaire gratuite et obligatoire, et que, ce dernier progrès réalisé, la diffusion des lumières qui en résultera rendra désormais inutiles toutes les manœuvres employées pour obtenir le triomphe de certains hommes et de certains principes par la consécration du suffrage populaire. La nation tout entière sachant lire, écrire, calculer, sera en mesure, qui en douterait! de manifester avec sagesse son opinion souveraine sur les personnes et les idées.

Le soir, lorsque le cultivateur et l'artisan, après une journée laborieuse et honnête, rentreront au foyer, ils se délasseront des fatigues du corps par le travail de l'esprit. Le journal à cinq centimes sera là pour galvaniser miraculeusement leur intelligence, et pendant que l'active ménagère appropriera comme le cristal la modeste vaisselle de la famille, les naïves enluminures appendues aux murs du sanctuaire domestique tressailleront d'étonnement et d'orgueil en entendant le maître du logis développer doctoralement à son petit entourage tous les problèmes de la politique et de l'économie sociale.

O merveille! ce que pouvaient à peine comprendre autrefois les plus grands esprits après des études longues et approfondies, l'humble ouvrier le jugera désormais d'un simple coup-d'œil, et ce seigneur tout puissant du jour fera triompher son infaillible jugement par la force invincible du vote!

De grâce, tout cela est-il sérieux? Non, mille fois non?... Jamais le peuple ne sera capable, de par la seule magie de l'*a, b, c, d*, de prononcer avec compétence sur les grandes questions de la société. Il peut bien se rencontrer, dans la vie d'une nation, tel cas particulier d'une évidence si frappante que le peuple soit en mesure de manifester une volonté sage, mais c'est là une exception fort rare et qui ne doit pas servir de règle.

De même nous reconnaissons qu'il existe un certain nombre d'ouvriers ou de chefs d'ouvriers, de petits commerçants ou modestes bourgeois, qu'une situation et une intelligence privilégiées ont rendus plus instruits et plus capables que leurs égaux; mais le suffrage universel étant l'expression de la volonté des masses, ce sont les masses seules qu'il nous faut considérer et juger.

Certes, nous nous sentons au cœur tout le respect et tout l'amour qu'un chrétien doit professer pour les classes laborieuses ; nous désirons, nous voulons, nous cherchons le bien de tous ; mais nous savons que ce n'est pas en flattant l'orgueil et les passions du peuple qu'on le rend heureux, et surtout qu'on lui prouve son dévouement. Quoi qu'on dise et quoi qu'on fasse, la foule est foule, et il est de l'essence de la foule d'être conduite et non de conduire. Le bras ne sera jamais la tête.

Nous repoussons donc énergiquement le système du suffrage universel tel que ses propagateurs nous le donnent, et tel qu'il demeurera à leur école malgré tous les alphabets du monde ! Un pareil charlatanisme ne saurait être un fondement solide pour la constitution intérieure d'une grande nation. Il y a ci incontestablement une grande réforme à opérer ; mais avant d'exposer le moyen d'y réussir, examinons la seconde partie de la définition du verdict populaire.

IV

... « et cette volonté se manifestant par le droit du nombre, est seule le fondement même, la consécration obligée de tout pouvoir et de toute loi. » *Se manifestant par le droit du nombre !* Entendez-vous, lecteurs ? Le droit du nombre, tel est le code de l'avenir renfermé dans les flancs du suffrage populaire. Que parle-t-on maintenant de vérité, de justice, de droit réel!... Le nombre, le chiffre, voilà le roi qu'on nous prépare, roi absolu, roi tyran, roi d'autant plus à craindre qu'il sera impersonnel, irresponsable! Hélas! rien n'est aveugle, despotique, inexorable comme la multitude, comme le chiffre! Devant une majorité quelconque, fût-elle hideuse et obtenue par des moyens machiavéliques, rien ne sera plus sacré, mais tout sera couché par terre comme les épis sous la faulx du moissonneur.

Et c'est un tel césarisme que vous nous proposez comme un progrès immense, presque idéal, et devant apporter aux masses l'honneur, la paix, la liberté, le droit! Allons donc! c'est la pire des servitudes que vous voulez établir.

Non, la volonté du plus grand nombre ne peut pas être par elle-même le seul fondement, la consécration obligée de tout pouvoir et de toute loi. Il est impossible que Dieu ait établi cette monstruosité morale. En effet, si nous consultons les enseignements que le Très-Haut nous donne par la voie de son Eglise, nous apprenons que l'autorité et la vérité résident essentiellement en Dieu; que la justice n'est soumise ni aux princes ni aux peuples; que les gouvernants ont le devoir, non pas de se conformer aux préjugés de la foule, mais de s'appliquer à l'étude de la sagesse, pour lui arracher les secrets qui font le bonheur du peuple; enfin, que ce n'est que par la volonté de Dieu, en son nom et selon ses jugements, et non pas en leur nom seul et selon leur bon vouloir, ou au nom et selon le bon vouloir de la multitude, que les princes commandent dans la nation, les législateurs dans les chambres, les capitaines dans l'armée, les magistrats dans la ville, les patriarches dans la tribu, les pères dans la famille.

Donc, de par l'enseignement divin, le chiffre n'est pas la loi, la multitude n'est pas la souveraineté, le vote n'est pas l'expression dernière du droit. Et n'est-ce pas un grand bonheur pour nous que le droit ne soit pas l'esclave des caprices des hommes, mais qu'il habite ces régions supérieures et immuables où les sages et les grands ont la mission d'aller s'instruire d'abord et se sacrer en quelque sorte, avant de prétendre à la direction et au gouvernement de leurs semblables ?

Ah ! attachons-nous du fond de nos entrailles aux enseignements toujours salutaires de l'éternelle Vérité, de cette Vérité infaillible qui embrasse d'un seul coup-d'œil tous les points de vue des choses, et perçoit distinctement les conséquences les plus extrêmes renfermées dans les principes, de cette Vérité qui est mère de la justice, de la paix et de la vie, comme l'erreur est mère de la tyrannie, du désordre et de la mort.

V

Tout cela est fort bien, vont peut-être nous objecter quelques esprits, mais votre argumentation condamne le principe même de toute élection, et si vous êtes conséquent, vous devez jeter le blâme sur ce qui s'est fait nécessairement, universellement et de tout temps au sein des nations dans une multitude de circonstances.

Cette Eglise catholique elle-même que vous paraissez chérir avec tant de tendresse ne saurait trouver grâce devant vous, car tous ses ordres religieux, ainsi que son pontificat suprême, se constituent par l'élection.

Faudra-t-il donc, pour être fidèle aux enseignements de ce que vous dites être la Vérité, répudier et condamner tout le passé de l'humanité? Et comment nous y prendrons-nous désormais pour établir une autorité quelconque sur la terre? Prierons-nous le Dieu du ciel d'intervenir directement dans l'organisation de tous les pouvoirs sociaux, ne serait-ce que pour donner un conseil municipal au moindre petit village?

Ou bien, si la divinité trouve indigne d'elle de s'occuper de si peu de chose, voudra-t-elle être assez complaisante pour nous faire cadeau d'un czar immortel et quasi-divin, chargé d'instituer de fait toutes les autorités nécessaires à la marche de la société?

Docteur de nouveauté, que répondez-vous?

Nous répondons que cette objection serait capitale si elle était fondée. Mais quel principe avons-nous posé duquel on puisse déduire cette extrême conséquence? Nous avons dit que l'essence du pouvoir et de la loi était basée sur la vérité, la justice et le droit, et que ces principes résidaient en Dieu et non dans la multitude. Mais cela implique-t-il que la multitude ne puisse désigner, lorsque cela est nécessaire, le sujet reconnu le plus digne pour exercer le pouvoir ou promulguer la loi au nom de Dieu et selon la justice et la vérité ?

La divinité, pour éprouver notre foi et respecter notre libre arbitre, n'intervenant qu'invisiblement dans le gouvernement de l'humanité, il est nécessaire qu'il y ait parmi nous des représentants de son autorité législative et souveraine qui a sa source en Dieu. Et ces représentants doivent naturellement être désignés par un mode quelconque, notamment par l'élection.

Donc, nous ne condamnons nullement le principe de l'élection en tant qu'il signifie la *désignation*, dans un cas donné, du sujet ou des sujets capables d'exercer le pouvoir et d'édicter des lois au nom de Dieu ; mais nous le condamnons énergiquement si on veut le regarder comme la *délégation* d'une volonté souveraine résidant dans la multitude.

Qu'on le remarque bien, nous ne faisons pas là une distinction vaine et subtile. Il n'importe pas peu d'enseigner aux masses. que l'autorité ne réside point en elle, mais en Dieu, et que leur droit d'élection, dans certaines circonstances, n'est pas une délégation essentielle de pouvoir, mais une simple désignation du sujet en qui ce pouvoir doit résider. N'oublions pas que la logique ne perd jamais ses droits, qu'elle est accessible à tous les esprits, qu'elle entraîne même d'autant plus aveuglément et irrésistiblement les volontés que les intelligences sont plus incultes, et par conséquent moins exercées aux considérations contingentes et modificatives.

Lors donc que le peuple aura bien compris le faux principe qui veut que le nombre seul fasse loi, il sentira qu'il est le nombre, et par le nombre le maître, et il voudra être en effet le maître. Il ne délivrera plus, par son vote, que des mandats impératifs, ou du moins contractuels, ce qui est la même chose, sauf que la dignité du mandataire y est un peu mieux sauvegardée. Et que seront ces mandats impératifs?

Prêtons l'oreille aux réunions électorales de notre époque, ou mieux encore aux conciliabules secrets et publics des meneurs, nous aurons la réponse que voici :

« Le peuple souverain étant son propre Dieu, » décrète qu'il veut jouir; et les richesses étant » regardées par lui comme la source de toutes les » félicités et comme le fruit de ses sueurs, il en » ordonnera le partage. » Donc, communauté absolue des biens, et non leur répartition sage et juste : Première aspiration de la souveraineté du peuple!

« Les richesses présentes n'étant que l'épargne » accumulée des fruits du travail, cette épargne » étant minime par rapport à la masse des partageux, et le travail incessant étant l'unique et indispensable pourvoyeur de la vie humaine, le droit

» et le devoir de tous au travail sera décrété! »
Donc, communauté obligatoire du travail, ou
pour parler sans détours, travaux forcés pour tous
à perpétuité : Deuxième aspiration de la volonté du
peuple!

« Chaque individu étant de droit son propre
» maître, sauf sa dépendance du nombre où il
» retrouve l'autorité et la valeur de son unité, et
» l'Etat seul étant le nombre, l'enfant, dès qu'il
» pourra se passer du sein de sa mère, ne sera pas
» soumis à la famille, mais à l'Etat qui l'élèvera dans
» ses principes et en disposera à son gré. » Donc,
communauté des enfants ou anéantissement de la
famille : Troisième aspiration de la souveraineté du
peuple!

« La femme, dans l'État, ne devant être considérée
» que comme une souche de citoyens indépendante
» et isolée, la femme étant en outre un grand bien
» pour l'homme à cause des jouissances nombreuses
» qu'il trouve en elle, et tout bien devant être mis
» en commun, la femme sera déliée de la soumission
» à un seul; elle se donnera ou appartiendra à tous. »
Donc, communauté des femmes, ou prostitution universelle : Quatrième aspiration de la souveraineté
du peuple!

« Enfin, la religion étant une pure invention de la
» tyrannie, la religion s'opposant d'ailleurs aux
» droits sacrés du peuple, tout culte sera aboli et
» proscrit. » Donc, athéisme universel, persécution
générale, et règne absolu de la force brutale et des

passions : Cinquième et suprême aspiration de la souveraineté du peuple!

VI

Voilà bien un écho fidèle des passions que nous avons tous entendu gronder autour de nous. Maintenant, avons-nous compris?... Ah! il n'est que temps de multiplier les cris d'alarme avant que la société ne s'engouffre dans l'abîme!... Qu'on ne nous accuse pas d'exagération, les faits sont constants. Qu'on ne nous accuse pas non plus de faire du vice d'un certain nombre d'énergumènes le vice de tous. Nous ne prétendons nullement attribuer à la majorité des citoyens la dépravation morale et politique que nous signalons avec horreur. Mais est-il indispensable que la majorité du peuple soit pervertie pour que le faux principe de la souveraineté populaire puisse produire les désordres les plus affreux?

Qui ne connaît l'habileté des révolutionnaires pour manier avec succès la terrible épée du suffrage universel? Qui ne connaît leur audace pour tenter les coups de main les plus hardis et s'imposer au plus grand nombre dès qu'ils se sentent suffisamment compacts et organisés et qu'ils peuvent s'appuyer sur un semblant de vote?

Est-ce qu'en 93, alors que l'échafaud, les noyades et les confiscations anéantissaient le clergé et la noblesse, le peuple français tout entier était pris du vertige du sang et de la folie? ou bien voudrait-on soutenir qu'à cette funeste époque de notre histoire les abus des grands étaient si excessifs qu'ils rendaient inévitable une réaction archi-violente, ce qui n'existe pas de nos jours?

Comme s'il n'y avait plus d'abus parmi nous !.. Demandez à l'ouvrier ce qu'il pense de ses patrons, chefs d'industrie ou de négoce, qui, presque tous, ne voient en lui qu'une machine à travail et à bénéfice, qui ne lui demandent que des heures et des heures, qui ne s'inquiètent pas plus de ses besoins moraux que s'il était une bête de somme, qui ne lui accordent même pas le repos nécessaire du dimanche, qui l'usent jusqu'à extinction , ce qu'ils ne feraient certainement pas d'un animal quelconque à cause de l'intérêt, et qui enfin ne lui laissent en perspective, pour unique récompense, que le froid hôpital ou la mort isolée sur un grabat dans une mansarde !

Ah! la concurrence illimitée, la soif de l'or et l'égoïsme de certains capitalistes (nous parlons en général) ont fait de bien tristes choses, commis des abus bien criants, semé des tempêtes bien redoutables?

Que parlez-vous d'anciens abus, aveugles que vous êtes? Mais voyez donc ces grèves immenses qui éclatent de tous côtés et qui s'organisent si fortement sous la direction trop habile de l'Internationale; n'y a-t-il pas une puissante cause à ce mouvement universel, et cette cause n'est-elle pas dans les abus que nous signalons?

Oui, les abus existent, et les abus les plus criants. Aussi le torrent révolutionnaire gonfle à vue d'œil. Et qu'allez-vous lui opposer, vous qui, après l'avoir affranchi de toute autorité divine, mettez à son service la toute puissance de la souveraineté du vote? Sera-ce la bourgeoisie, non pas la bonne bourgeoisie qui va diminuant tous les jours, mais une bourgeoisie sceptique, sans principes, et par conséquent sans force et sans dévouement?

Certes, les anciens ordres du clergé et de la noblesse étaient dégénérés lorsque est venue la grande tourmente révolutionnaire; ils n'étaient pas comme aujourd'hui retrempés dans l'épreuve, mais ils avaient au moins des principes qui leur donnaient une valeur avec laquelle il fallait compter. Et cependant ils ont été emportés par l'ouragan.

Quelle résistance opposeront donc à la revendication si fortement organisée des travailleurs, nos bourgeois égoïstes, qui ne reconnaissent d'autre Dieu que l'argent, et qui sont déjà tout embarrassés, tout enchaînés par les mille réseaux de leurs intérêts et de leurs convoitises?

Il y a, nous le proclamons très-haut, il y a parmi eux d'honorables exceptions; mais que peuvent les exceptions dans les situations capitales? Qu'ont-elles pu dans notre Paris en face de l'armée révolutionnaire qui vient de conduire cette immense ville à deux doigts de la ruine totale?

La masse des capitalistes, des propriétaires, des industriels, des négociants s'y est laissé juguler par la minorité radicale et communiste. La peur et le manque de cohésion leur ont fait accepter les horreurs d'un second siége, et les ont rendus muets en face des décrets les plus subversifs.

Sous leurs yeux on a assassiné la foule pacifique, on a pillé les demeures, fusillé les citoyens, profané les églises; on a mis le feu aux quatre coins de l'incomparable capitale, et ils sont demeurés ineptes jusque par delà toutes les prévisions! Si parmi eux il s'est rencontré des âmes viriles, elles n'ont pu que gémir de leur isolement et de leur impuissance!

Cependant tout cela s'est exécuté au nom du suffrage universel et par le vote populaire, bien que la nation entière ne soit pas encore gangrenée. Que sera-ce donc quand le mal aura gagné en étendue et en profondeur? car il est de l'essence de la corruption d'être contagieuse. Qu'il s'agisse de la corruption de l'esprit par l'erreur, de celle de la chair par le vice et de celle de la matière par la fermentation, la loi de toute corruption est la même, c'est le développement, la contagion.

Que penser alors de ceux qui, au lieu de travailler à éteindre l'incendie, s'épuisent à souffler dessus pour l'aviver plus encore? Hélas! nous en sommes les témoins; voilà des années qu'on ravit au peuple sa foi chrétienne qui le consolait des labeurs présents en lui donnant l'espoir certain des récompenses futures! voilà des années qu'on lui chante sur tous les tons que le capital est un vol fait à ses sueurs, et que cependant la richesse est la seule dispensatrice de toutes les jouissances! voilà des années qu'on lui répète qu'il est le maître, le souverain, le tout-puissant, devant qui toute autorité doit comparaître, fléchir le genou et rendre compte! Voilà des années qu'on lui persuade que sa volonté seule a le pouvoir de lier et de délier, et que son vote légitime tout! En un mot, voilà des années qu'on enflamme toutes les convoitises de ce malheureux peuple et qu'on rompt les seules digues qui pouvaient le contenir, et on ne musèle pas, on ne maudit pas les incendiaires, les prédicateurs de mensonge et de révolution! et l'on voudrait, au contraire, que le peuple endoctriné d'erreur ne fût point logique, et qu'il n'eût soif d'assouvir ses passions!

Dites plutôt au grain de blé jeté en terre de ne pas produire son épi, au gland enfoui sous les feuilles de ne pas donner naissance à un chêne. Tout principe est nécessairement suivi de ses conséquences, il lui faut seulement, comme à la plante, un peu de temps pour arriver à maturité. L'invasion du démagogisme est donc aujourd'hui fatale, à moins que nous ne nous employions tous à arracher l'ivraie pestilentielle.

VII

Mais d'où vient cet engouement général des esprits pour la souveraineté populaire et l'athéisme politique? D'où vient cette folie, ce vertige de tous, grands et peuples, qui précipite les nations entières vers l'abîme ? Ah ! nous le savons ; il a suffi d'un déplorable malentendu, de deux mots incompris et calomniés, pour produire cette panique universelle et aveugle. Disons-le hardiment , on a eu peur du *droit divin !*

Or, comme un homme ne saurait commander longtemps à un grand nombre de ses semblables sans se réclamer d'un principe supérieur à sa faible et impuissante personnalité, il a bien fallu remplacer le droit divin dont on ne voulait plus par quelque autre chose, et l'on n'a su ni pu trouver mieux que le droit de la multitude... Belle trouvaille, vraiment ! remplacement superbe ! bénéfice clair et net !

O Dieu ! quand donc les peuples comprendront-ils que vous êtes trop puissant pour qu'il soit possible à l'infirmité humaine de vous chasser de ce monde que vous avez créé ; et que vouloir se soustraire au sceptre de votre amour, c'est vouloir se placer sous la férule de votre justice !

Ami lecteur, examinons attentivement ce qu'est en réalité le droit divin, et voyons ce qu'il a de si terrible pour l'humanité.

Le droit divin n'est autre chose que ce principe, fondé sur la vérité, qui veut, comme nous l'avons déjà exposé, que tout pouvoir ne s'exerce qu'au nom de Dieu et selon les immuables lois de la justice et du bien dont les éléments résident dans l'essence même de la Divinité. En sorte que, d'une part, celui qui gouverne et édicte des lois ne puisse rien ordonner de contraire aux bases éternelles du vrai et du juste, et que d'autre part celui qui obéit ne le fasse qu'en vue de Dieu et selon sa conscience.

Comme on le voit, ce principe respecte d'une manière parfaite les droits et la dignité de chacun. Bien loin de consacrer l'absolutisme, et de faire de tout homme élevé au-dessus de ses semblables une espèce de demi-dieu auquel on doive obéir passivement, à la façon des esclaves, il élève de justes bornes au pouvoir; car il proclame les devoirs des grands aussi bien que ceux de la multitude, et les droits de la multitude aussi bien que ceux des grands.

On peut donc dire que le droit divin, ainsi compris, est, dans une nation, le père de l'ordre, de la justice, de la paix, de l'honneur; qu'il est la pierre ferme qui sert de base à tous les droits; le contrepoids, le modérateur efficace et nécessaire dans la marche (oscillante sans lui) des institutions publiques; qu'il est surtout le défenseur incorruptible, le refuge assuré des petits, des faibles, des déshérités de ce monde.

Qu'y a-t-il dans tout cela de si redoutable pour la société, qu'elle ne veuille pas d'un principe si bienfaisant pour elle, et qu'elle lui préfère la souveraineté aveugle, despotique, brutale et sans frein de la multitude?

Qu'y a-t-il surtout de commun entre ce droit si juste et si sage, et les dîmes, les corvées, les priviléges, les inquisitions et tant d'autres bêtes noires de même nature dont des hommes sans vergogne et sans cœur font encore aujourd'hui, sous la mensongère dénomination de droit divin, un épouvantail pour les gens simples?

Nous ne l'ignorons pas, dans le passé il y a eu des abus que l'on a essayé d'établir sur le principe mal conçu que nous voudrions relever. L'homme est ainsi fait qu'il abuse des meilleures choses, principalement lorsqu'il n'en a pas une notion exacte. Mais convient-il de détruire tout bien dont il est possible d'abuser, et surtout lorsqu'on ne peut le remplacer que par un mal positif et immense. Ne suffit-il pas de réformer ce qui a besoin d'être réformé? Que dirait-on du médecin qui tuerait son malade sous prétexte de mieux le guérir? D'ailleurs, si des abus à jamais enterrés ont pu s'appuyer jadis sur un bon principe, à quoi notre siècle ne doit-il pas s'attendre avec le pire des principes?

Il convient donc de chasser des fantômes et de revenir franchement au droit de Dieu dans le gouvernement des sociétés. Ce qui n'implique nullement telle ou telle forme gouvernementale. C'est aussi bien en vue de Dieu que l'on doit respect et soumission, selon la justice, à un gouvernement républicain comme à un gouvernement monarchique, à une assemblée élective comme à une chambre héréditaire; de même que ces diverses autorités sont toutes également tenues de fonder leurs décisions sur les bases éternelles du juste et du vrai. C'est pourquoi nous affirmons que la nation française n'a rejeté le droit divin que parce qu'on le lui a mal défini. Pour nous et pour ceux qui réfléchissent, c'est un principe de stabilité, de justice, de liberté, de dignité humaine et de salut.

D'ailleurs, qu'on y prenne garde, il faut inévitablement choisir entre le droit de Dieu ou le droit de la populace inconsciente et brutale, entre la souveraineté du bien ou la souveraineté des passions de la multitude. Et nous avons vu ce que ces passions nous préparent, ce qu'elles ont déjà produit.

Il y a à peine un an, si la France a échappé à la décomposition sociale, nous ne le devons qu'à un fait imprévu. Le siége du gouvernement s'est trouvé placé hors des murs de la capitale en délire, et cela a permis aux forces conservatrices des campagnes de se rallier, de s'organiser, et de vaincre le monstre.

Si ce lieu de concentration ne s'était pas trouvé, comme un phare allumé d'avance, sous les yeux des départements épouvantés, tous les bons vouloirs de ceux-ci, éparpillés et impuissants, sans impulsion et sans direction uniques, n'eussent pu obtenir le plus petit résultat. La Commune se serait installée rapidement dans les villes de second et de troisième ordre, et c'en était fait pour longtemps de la société française, ou du moins de sa nationalité, car la Prusse eut alors pu faire de nous une nouvelle Pologne.

Dieu n'a pas permis ce malheur; mais nous devons enfin ouvrir les yeux, d'autant que les meneurs socialistes poussent aujourd'hui leur active propagande jusque dans ces campagnes d'où nous est venu le salut, et qu'ils avaient négligées jusqu'ici comme inutiles.

Combien donc sommes-nous attristés, en face de ces dangers suprêmes, de voir les efforts persévérants que fait la majeure partie des conservateurs hallucinés, pour baser encore une fois notre édifice gouvernemental sur le sol volcanique de la révolution, sur les droits illimités du peuple, sur la souveraineté absolue du nombre et du vote! Combien sommes-nous attristés de cette indifférence générale qui fait qu'on ne s'émeut point des progrès incessants et rapides du matérialisme dans l'esprit des masses!

O France si éprouvée, quand donc les grandes leçons de l'histoire te profiteront-elles? Quand sauras-tu lire dans les événements? Quand discerneras-tu les conséquences dans les principes? Dix révolutions dans trois-quarts de siècle, et la menace imminente d'un effondrement plus terrible que tous les autres, n'est-ce pas assez pour te dégoûter à jamais de vouloir bâtir sur un terrain si mouvant et si perfide? Qu'attends-tu pour reconnaître tes erreurs et t'asseoir enfin sur de véritables principes? L'épreuve n'est-elle pas assez probante? Ah! l'heure a sonné, lève-toi, rejette le venin révolutionnaire qui te conduirait au tombeau, et redeviens soumise au Dieu de tes pères, et à ses lois, afin que tu puisses aussi redevenir la belle et puissante nation qui commandait à la terre.

VIII

Arrêtons-nous un instant, et pour mieux saisir le fil qui relie les diverses parties de cette étude, récapitulons à grands traits nos prémisses.

Nous avons commencé par établir l'intérêt majeur qu'ont les bons citoyens à connaître la valeur réelle du suffrage universel que l'on veut donner pour base à notre constitution intérieure; car si cette base est mauvaise, l'édifice qu'elle supportera doit nécessairement crouler.

Nous avons ensuite examiné la définition de ce mode de suffrage par les apôtres eux-mêmes de ce soi-disant progrès, et nous avons tout d'abord reconnu la mensongère étiquette de la première partie de cette définition; car, en fait, ce n'est pas le peuple qui dit librement, mais les partis qui enlèvent les votes; et en théorie, il est inadmissible, hors certains cas fort rares, que les multitudes soient aptes, auraient-elles passé dix ans dans les écoles primaires, à prononcer des jugements politiques et économiques par le moyen du vote.

Cela prouvé, nous avons abordé de front la deuxième partie de la définition fameuse où est contenu le principe même du vote populaire; alors, saisissant, comme on dit, le taureau par les cornes, nous avons expliqué comment l'essence même de l'autorité et de la loi ne résidait point dans les majorités, dans le chiffre, mais dans les régions supérieures et immuables des idées divines.

Toutefois, vu l'économie de la Providence dans le monde, nous avons réservé le droit *d'élection* comme étant un des moyens légitimes de constituer sur cette terre les autorités nécessaires à la marche de la société; mais en séparant nettement ce droit du droit de *délégation essentielle* de pouvoir que l'on veut y rattacher de nos jours.

Alors, nous avons exposé combien il importait d'établir cette distinction, et de la faire pénétrer fort avant dans l'esprit des masses; car si ces dernières se laissent persuader que l'essence du droit découle absolument de leur vote, et que rien ne peut s'opposer à leur volonté manifestée, elles voudront indubitablement tout régenter selon leurs caprices et leurs passions, et elles nous feront voguer à pleines voiles vers le socialisme.

Tandis que si le vote n'est considéré que comme la recherche et la désignation des hommes devant exercer le pouvoir au nom des principes éternels de justice et de vérité, l'ordre est par cela même solidement établi dans la société humaine, tous les droits légitimes y sont sauvegardés, et l'on renverse, par la base, le hideux communisme.

Ces deux politiques si opposées dans leur essence et dans leurs fruits, découlant cependant d'une simple distinction dans l'origine, nous les avons nommées, l'une le droit de Dieu, qui conserve toutes choses dans l'ordre; l'autre, le despotisme révolutionnaire ou la souveraineté absolue du nombre, qui, logiquement et fatalement, nous conduit à la guerre civile, à la décomposition sociale et à la ruine universelle.

Surtout, nous avons démontré, par ce qui s'est passé en 93, et il y a dix-huit mois à Paris, qu'il n'est pas indispensable que les révolutionnaires et socialistes aient déjà infecté la majorité des électeurs pour arriver à s'imposer à la nation toute entière et produire les plus grands maux : que d'ailleurs il est de l'essence de toute corruption de gagner sans cesse en étendue; et que, par conséquent, il n'est pas trop tôt de nous tenir en garde et d'opposer au mal envahisseur les plus puissantes digues. Et afin de réveiller encore plus fortement les léthargies, nous avons signalé quelques graves abus sociaux que nous devrions songer à réformer, et qui, s'étayant de la dépravation des croyances et des mœurs, surtout du faux principe de la souveraineté absolue du vote, ont produit, et rendu si redoutable (son programme et ses grèves nous en font foi) l'Association internationale des travailleurs, cet immense tourbillon qui entraînera la société dans un gouffre, si les efforts des bons citoyens ne parviennent à dominer l'étreinte.

Enfin, laissant un cri d'amour s'échapper du fond de nos entrailles, nous avons conjuré notre chère France de rejeter les erreurs qui la tuent, et de revenir aux principes chrétiens qui, seuls, peuvent aujourd'hui guérir ses plaies et lui rendre la place à laquelle elle a droit dans le concert des nations.

1...

IX

Il nous reste maintenant à tenir une promesse que nous avons faite dans les premières pages de ce travail.

Après avoir exposé l'incapacité absolue de la multitude à émettre des votes-jugements sur les principes sociaux, nous avons parlé d'une réforme à opérer pour enlever à notre suffrage universel le stigmate du charlatanisme.

Aussi bien nous avons laissé subsister, lorsqu'il est nécessaire de constituer les pouvoirs, le droit même d'élection.

Il est donc indispensable que nous indiquions par quel moyen on peut faire accorder, dans le peuple, la faculté d'élire avec la compétence pour élire. Et voici notre pensée toute entière sur ce point important.

D'une part, si la multitude est incapable de discerner le vrai et le meilleur dans les problèmes si difficiles et si compliqués de l'économie sociale et politique, elle a, au contraire, un sens extraordinairement développé pour reconnaître et consacrer par son admiration et sa confiance le mérite réel de la vertu, d'où est venu ce fameux proverbe : *Vox populi, vox Dei, voix du peuple, voix de Dieu.*

Or, la vertu réellement éprouvée, comme est celle qui parvient à s'attirer l'admiration de tous, est la meilleure des garanties que l'on puisse exiger pour l'exercice du pouvoir ou le maniement des affaires publiques; car toute âme solidement vertueuse est nécessairement douée de bon sens, et le bon sens est une qualité indispensable à celui qui doit commander, juger ou administrer. L'intelligence et la science, à plus forte raison l'esprit, ne viennent qu'en seconde ligne. Les dons les plus brillants de la nature peuvent, en effet, éblouir et engager dans une fausse route; le bon sens, jamais, surtout le bon sens qui a la vertu pour compagne.

D'autre part, nous savons tous que l'homme de bien est modeste, qu'il a horreur du bruit, qu'il lui répugne de se mettre en avant, tandis que le cœur de l'insensé est plein de suffisance, se passionne pour l'éclat, et ne recule devant aucun moyen pour arriver à un triomphe qui le flatte. Et c'est pourquoi, dans nos élections, nous voyons les honnêtes gens qui seraient dignes et capables d'exercer un mandat public, ne pas sortir généralement de leur retraite et demeurer sous le boisseau, alors que les révolutionnaires et les ambitieux se montrent de toute part, se hissent de mille façons, et parviennent en grand nombre au pinacle sur les épaules dociles du bonhomme le peuple.

Nous basant donc sur les vérités incontestables que nous venons d'exposer, nous voudrions voir interdire *absolument,* dans les élections, toute présentation officielle ou non officielle de candidats, afin de fermer la bouche aux charlatans, et de laisser le peuple en présence uniquement de la vertu et du mérite qui se seraient élevés assez haut pour attirer d'eux-mêmes son attention.

De cette manière, les élections se feraient avec compétence, avec sagesse, avec tranquillité, avec fruit pour la nation.

Cela couperait court à tous les scandales, à tous les mensonges, à toutes les exploitations dont nous sommes les témoins indignés chaque fois que le peuple est appelé à émettre un vote.

La lutte politique des partis étant ainsi empêchée, les divisions intestines les plus déplorables n'éclateraient pas dans les communes à chaque élection nouvelle.

Par exemple, on ne verrait pas un fils de l'Auvergne se faire élire en Corse, mais des citoyens de la localité être élus par leurs concitoyens véritables et dont ils connaîtraient mieux tous les besoins.

Par dessus tout, le mérite réel obtiendrait seul les suffrages; car la vertu n'arrivant à cet éclat qui s'impose que par des épreuves multipliées et de longue date, il serait impossible à l'hypocrisie et à l'habileté de se contraindre assez longtemps pour ravir les votes qui ne sont dus qu'au mérite.

Ainsi l'homme de bien ne serait pas laissé dans l'oubli, par la seule raison que l'intrigant est toujours plus décidé, plus habile à se produire et à attirer les regards. Le pompeux mais vide échafaudage de ce dernier ne viendrait pas masquer le piédestal de granit, mais de moindre volume, de l'homme de bien.

Enfin, les consciences de tous les citoyens seraient respectées et laissées vraiment libres, parce que leurs votes ne subiraient ni pression, ni impulsion, ni déviation aucune.

Que de salutaires conséquences renfermées dans ce principe, s'il était adopté !

Cependant nous nous attendons à une objection sérieuse. On nous dira que, dans de telles conditions, il arriverait souvent que le peuple ne saurait pas pour qui voter, et qu'alors il s'abstiendrait; ou bien que son vote pourrait se porter successivement sur plusieurs personnages très-méritants il est vrai, mais qui refuseraient d'accepter la charge des affaires publiques, ce qui perpétuerait indéfiniment le vote, et rendrait impossible, dans la pratique, cet excellent moyen de constituer les pouvoirs.

Cette objection, toute forte qu'elle est, ne prouve qu'une chose, la difficulté du problème ; mais tout problème a une solution; il s'agit seulement de la trouver. Evertuons-nous donc tous à résoudre la difficulté, car nous sommes en présence d'une nécessité qui s'impose. Fermer les yeux et demeurer dans l'absurde serait de la folie.

Rappelons-nous que le vote populaire, serait-il dégagé de son faux et pernicieux principe de délégation, ne saurait continuer de fonctionner comme il fonctionne, parce que c'est du pur charlatanisme, et que vouloir donner une telle base à la constitution intérieure d'un grand pays, c'est préparer sa ruine totale.

Il est non moins évident, et nous devons regarder ceci comme un axiome, que la multitude n'est compétente qu'en fait de vertu, et que pour laisser à cette compétence la facilité de s'exercer, il est indispensable de dégager le terrain de toute pression sur le peuple, de tout serinage par les proclamations, les affiches, les journaux, les réunions publiques, en un mot, par les candidatures officielles ou non.

Il n'est donc pas possible d'échapper à la nécessité de trouver une solution sur le terrain même que nous indiquons. Et nous convions tous les publicistes sérieux à s'appliquer à cette étude.

Ce n'est pas que nous ne croyions avoir trouvé une solution satisfaisante, solution que nous allons développer dans le chapitre suivant; mais peut-être d'autres trouveront-ils mieux que nous, et c'est pourquoi nous les convions au travail.

D'ailleurs, s'il est vrai que les principes tendent de leur nature à unir et convaincre les esprits parce qu'ils les attirent en haut vers un même point, comme le soleil qui, par son élévation et son éclat, concentre à la fois sur lui les regards d'un très-grand nombre d'hommes; au contraire, les systèmes d'application de ces mêmes principes donnent souvent naissance à de multiples divisions, parce que l'astre s'étant alors reposé sur le sol, chacun est porté à ne le considérer que de son côté et à son point de vue, ce qui produit inévitablement le désaccord des opinions, jusqu'à ce

que la bonne volonté, ou des démonstrations éviden-
tes viennent enfin terminer le conflit.

Nous devons donc nous attendre à voir les idées
pratiques que nous allons émettre vivement combat-
tues par des hommes très-honorables, par les conservateurs les plus sincères ; et cela nous est un motif
déterminant pour faire appel à de plus capables que
nous, car il y a ici, pour notre chère France, une
question de vie ou de mort, et il est nécessaire, il
est urgent d'arriver à une entente commune qui nous
permette de tenir en bride la révolution sociale dont
nous sommes menacés.

Or, ce n'est que par l'accumulation, par la confron-
tation et par le choc lui-même des idées sages de
chacun, que pourra jaillir une lumière assez vive
pour éclipser tous les autres rayons, et diriger la
masse des bonnes volontés vers un point unique, ce
qui sera notre salut.

Nous allons donc, sans crainte des contradictions
ou même de la défaite, exposer avec simplicité, dans
une seconde étude intitulée : *La représentation
nationale*, ce que nous avons jugé le meilleur sur ce
point difficile ; et cela en étant fermement résolu de
nous rallier à tout autre système qui, en s'appuyant
exactement sur les principes fondamentaux que nou
avons pleinement mis en lumière, serait d'une application plus parfaite et plus sûre que ce que nous
proposons.

CHAPITRE II

La représentation nationale.

I

L'homme a été créé pour vivre en famille et en société. La famille est l'œuvre directe du Créateur, et son origine remonte à l'origine même du monde lorsque Dieu donna Ève à Adam pour compagne, et qu'il leur dit : « Croissez, et multipliez-vous! »

La société est l'œuvre plus directe de l'homme, et elle est née aussi bien de ses besoins moraux que de ses besoins natériels. Mais cette société est de deux sortes : une que nous nommerons immédiate et sensible, l'autre plus éloignée et supérieure. La première constitue la Commune, qui est la juxtaposition de plusieurs familles dans un but d'aide réciproque ; la seconde constitue la Nation, ou la réunion solidaire de toutes les communes d'un même pays dans un but supérieur de force et de sécurité.

La Commune est donc le premier fruit du besoin de société qui est dans l'homme, et elle est le champ naturel où se meuvent d'abord les intérêts généraux des familles et des individus. C'est là que doit commencer le fonctionnement du suffrage universel judicieusement ordonné, et ce suffrage doit être la participation juste et sage de chacun à la chose de tous.

Or, nous trouvons, dans l'organisation même de toute commune, l'occasion et le moyen de l'exercice de cette faculté, ou si l'on veut, de ce droit de tous. Pour que la vie puisse circuler dans le corps social de la Commune, il lui faut une unité d'impulsion et de direction, sans quoi les tendances et les volontés opposées de chacun de ses membres produiraient dans son sein la dislocation, la guerre et la mort. De cette nécessité d'unité, sont sortis les conseils municipaux qui ont pour mission d'administrer avec unité la chose publique, et de satisfaire aux besoins généraux de tous les contribuables dans la mesure du juste et du possible.

Dans le principe, tout chef de famille était de droit membre de l'assemblée municipale, et y avait voix délibérative. Mais comme notre civilisation a constitué en commune des groupes immenses, des villes entières, il a fallu, pour le bon ordre des assemblées, restreindre le nombre des Conseillers municipaux; et, pour qu'ils puissent être les représentants incontestés de toutes les familles, on les a désignés par l'élection. Puis, dans un but d'uniformité, on a fait de ce qui n'était nécessaire que dans les grands centres, la règle de toutes les communes.

Rappelons maintenant les principes que nous avons posés dans le chapitre précédent, et voyons s'ils peuvent être mis facilement en pratique dans l'élection des Conseillers municipaux.

Nous avons établi que le peuple n'était compétent qu'en fait de vertu, d'où est venu ce proverbe: *Voix du peuple, voix de Dieu,* et que la vertu est la meilleure des garanties que le peuple puisse exiger de ceux à qui il donne sa confiance et qu'il appelle à gérer ses intérêts généraux.

Nous avons encore établi que, pour que le mérite réel ne fût pas éclipsé aux yeux de la multitude, il était indispensable de laisser le peuple livré à son seul jugement et d'interdire toute espèce de candidature.

Enfin, nous avons dit, et nous redisons bien haut, que le mandat du peuple n'est pas une *délégation* essentielle d'un pouvoir ayant son principe dans la multitude, mais la simple *désignation* des citoyens reconnus les plus dignes d'exercer l'autorité, non selon leurs caprices, mais selon les principes éternels du vrai et du juste.

Or, y a-t-il quelque difficulté qui s'oppose au fonctionnement régulier de ces principes dans les élections municipales ? Nous n'en saurions découvrir aucune, car la grande objection que nous avons posée en terminant notre premier chapitre sur le suffrage universel n'existe pas ici.

En effet, d'une part, tous se connaissent dans une commune, par conséquent tous peuvent s'apprécier en fait de vertu et prendre part au vote avec compétence, sans qu'il soit besoin d'aucune présentation préalable. Il n'y a même pas à faire exception pour les grandes communes, pour les villes, parce qu'il suffirait de partager ces grands centres en quartiers restreints, dussent-ils être nombreux, dans chacun

desquels devrait être élu *un habitant du quartier;*
ce qui aurait en outre l'avantage de faire représenter
réellement tous les intérêts au sein des Conseils
municipaux, et de nous délivrer des scrutins de liste,
où à côté d'un nom qui plaît s'en trouve souvent un
autre qui déplaît plus encore. Les communes rurales
pourraient, elles aussi, être partagées en autant de
sections qu'il y aurait de conseillers à élire, ce qui
rendrait tout à fait facile le vote lui-même, et tout à
fait absolue la compétence des votants.

Et d'autre part, le mandat municipal étant de
ceux qui ne se refusent presque jamais, soit parce
qu'il n'impose que de très-légères obligations, soit
parce que les particuliers ont un intérêt immédiat
à la bonne gestion des affaires de la commune, il n'y
aurait pas à redouter que de nombreux refus d'ac-
ceptation vinssent prolonger indéfiniment la période
électorale. Si aujourd'hui quelques bons citoyens
refusent de *se présenter* comme candidats municipaux, c'est parce qu'ils redoutent la lutte, ou qu'il
ne leur plaît pas de se mettre en avant; mais, bien
sûr, ils ne refuseraient pas le mandat s'il leur était
offert spontanément (et honorablement pour eux)
par leurs concitoyens.

Donc, la seule objection possible contre l'interdic-
tion des candidatures préalables n'a pas la moindre
valeur en ce qui concerne les élections municipales,
et nous pourrions aborder immédiatement un degré
plus élevé dans la mise en pratique du suffrage universel. Mais pour être plus complet, et puisque

l'occasion nous en est donnée, formulons auparavant, en quelques articles concernant les Conseils municipaux, plusieurs dispositions règlementaires que nous trouverions utile d'admettre, et qui se rattachent plus ou moins directement à la question de suffrage et de représentation du peuple. Chaque article, numéroté et marqué par des guillemets, sera accompagné, s'il y a lieu, d'observations explicatives, arrangement qui favorisera la clarté.

II

ART. 1er. « Tout Français domicilié dans une
» commune depuis un an au moins, âgé de vingt-
» cinq ans révolus, et non privé de ses droits civils,
» est électeur pour le Conseil municipal de cette
» commune. Le domicile se prouve notamment par
» une quittance d'impôt personnel, et prend date
» d'origine à la date même de la quittance. »

Nous trouvons bon de ne faire courir l'année de domicile qu'à partir du jour où l'on a payé l'impôt, afin de prolonger un peu le temps d'habitation donnant droit à un vote, car ce ne sont pas les nouveaux venus qui ont de leurs concitoyens une connaissance suffisante pour discerner sagement ceux qui l'emportent en mérite. De plus, il ne nous paraît pas qu'il soit juste d'intervenir, même par un simple vote, dans l'administration de la commune, avant d'avoir acquis quelques droits par une contribution effective versée dans le trésor communal.

Quant à l'âge de 25 ans révolus, il nous semble

nécessaire d'établir cette limite pour deux motifs : le premier, parce qu'avec la nouvelle organisation de l'armée, les citoyens ne seront délivrés du service actif qu'à 25 ans, et qu'il n'est pas juste que les diverses catégories d'exemptés soient plus favorisés que ceux qui se dévouent sous les drapeaux ; le second, parce qu'on est trop jeune à 21 ans pour avoir des opinions éclairées sur la valeur des hommes. Il faut d'abord s'être initié pendant quelque temps aux affaires et à la vie sociale, initiation qui ne peut commencer qu'après la majorité.

ART. 2. « Tout homme domicilié dans la commune
» depuis trois ans révolus, et âgé de 30 ans au
» moins et de 72 ans au plus, est apte à représenter
» ses concitoyens dans le Conseil municipal, s'il est
» élu par eux spontanément, et si rien ne s'oppose à
» son élection. »

Pour administrer la chose publique, il faut des hommes mûrs et ayant une expérience suffisante des affaires, d'où la limite *minima* de 30 ans, et cependant des hommes dont les facultés ne soient pas affaiblies par l'âge, d'où la limite extrême de 72 ans. En outre, il faut des hommes qui, par un domicile assez prolongé, aient pu acquérir une connaissance réelle des besoins de la commune. En tout cela, l'évidence est assez forte pour qu'il soit inutile d'insister.

ART. 3 « La durée du mandat municipal est de
« sept ans. »

Il est avantageux que les élections populaires ne soient pas souvent renouvelées.

D'abord, pour la tranquillité des esprits, car toute

élection entraîne nécessairement un certain degré d'effervescence ; et l'effervescence est comme une fièvre qui n'est pas favorable à la santé, à la vie sociale, et qu'il ne faut provoquer que le plus rarement possible.

Ensuite, pour l'accroissement, dans le cœur du peuple, du respect que mérite le mandat public, car il serait naturel de n'attacher que peu d'inportance à ce qui ne devrait avoir qu'une durée éphémère. Or, il est malheureusement constant que, sous l'action du souffle révolutionnaire, le sentiment du respect de l'autorité s'est éteint dans les masses. Il est donc de la plus haute utilité de saisir toutes les occasions de raviver dans la société cette fibre de l'âme humaine, sans laquelle il ne saurait y avoir d'efficacité dans le fonctionnement des pouvoirs.

Enfin, pour la bonne administration elle-même de la commune ; car si la direction change trop souvent, il est à craindre qu'il n'y ait pas de suite dans les conceptions, ou que les mandataires se sentent découragés d'entreprendre rien d'important, et de s'adonner à l'étude approfondie des intérêts généraux, par la considération du petit nombre d'années qu'ils doivent demeurer à la tête de la commune.

Art. 4. « Tout conseiller élu trois fois de suite et
» qui aura rempli intégralement ses trois mandats,
» sera de droit Conseiller municipal jusqu'à la limite
» d'âge, à moins qu'il ne donne ou ne reçoive sa
» démission avant le terme de 72 ans.

Lorsque le mérite d'un citoyen est consacré spontanément une troisième fois par la voix publique, et cela immédiatement après une épreuve de 14 ans, si ce citoyen accepte et remplit effectivement son troisième mandat, il doit être regardé comme offrant surabondamment toutes les garanties voulues pour la bonne gestion des intérêts communaux, et il y a alors dans une prorogation légale de sa dignité, non-seulement sagesse et juste récompense, mais encore motif d'émulation offert aux autres mandataires et fixité avantageuse donnée à l'administration municipale.

ART. 5. « Les Conseillers municipaux ont droit de
» porter une décoration spéciale pendant la durée de
» leur mandat. Ils reçoivent une autorisation écrite
» qui indique la durée du privilége. Seuls les conseil-
» lers nommés dans trois élections consécutives et
» ayant gardé leurs fonctions jusqu'à la limite d'âge
» ont droit à la décoration à vie. »

Nous croyons qu'une marque honorifique serait un encouragement efficace pour engager tous les citoyens, soit à mériter le mandat municipal, soit à ne pas le refuser, soit à en remplir fidèlement toutes les charges. Il est d'ailleurs juste que ceux qui s'imposent le fardeau des affaires communales sans la moindre rémunération pécuniaire, soient récompensés en quelque façon de leur dévouement à la chose publique.

ART. 6. « Le besoin d'unité dans l'administration
» de la commune exigeant que le Maire soit de droit
» président du Conseil municipal, les Conseillers
» présentent trois citoyens au moins, et dix au plus,
» selon la population de la commune, et le gouver-
» nement choisit et nomme le Maire parmi les élus
» du Conseil. »

Ainsi les droits de tous sont sauvegardés. Le Maire étant dans la commune un agent actif du gouvernement, il est sage que celui-ci le nomme afin de lui conférer l'autorité; et d'autre part, le Conseil municipal devant subir la présidence active du Maire, il est juste aussi que ce dernier ne lui soit pas imposé contre ses vues, ses besoins et sa volonté.

Art. 7. « Le Conseil a la faculté de présenter
» pour Maire, soit un de ses membres, soit un citoyen
» non revêtu du mandat municipal, mais domicilié
» dans la commune depuis trois ans révolus. »

Cette latitude donnée aux Conseillers municipaux découle de la manière dont il faut envisager toute élection populaire. Encore une fois, la multitude ne délègue pas un pouvoir originaire; elle désigne seulement ceux qui lui paraissent le mieux mériter d'exercer le pouvoir. Qu'y a-t-il donc d'étonnant que les lumières de ceux qui ont été reconnus les plus capables, puissent aller chercher un candidat là où la foule n'aurait pas su le découvrir?

Art. 8. « Tout Conseiller qui n'a pas assisté
» pendant l'année à la moitié au moins des séances
» du Conseil, est regardé comme démissionnaire. »

Il est, en effet, nécessaire que le mandat municipal soit pris au sérieux, et lorsqu'on n'a pas assisté à la moitié au moins des séances d'une année, on prouve par là qu'on ne peut pas ou qu'on ne veut pas remplir les obligations que l'on a librement contractées et qu'on mérite d'être remplacé.

Art. 9. « Tout Conseiller qui, en cette qualité, en
» séance ou hors séance, aura pris part à une mani-
» festation ou à un vote excédant évidemment les

» attributions et les droits du Conseil, sera, par le
» fait, regardé comme indigne de retenir le man-
» dat public; l'autorité supérieure le révoquera,
» et les électeurs seront convoqués pour le rem-
» placer. »

Sans discipline, il n'y a pas d'organisation durable
parmi les hommes; et sans une sanction efficace, il n'y
a pas de discipline. Aussi est-il nécessaire d'édicter
une peine en regard de toute loi. C'est le sel indispensable à la conservation de ce qu'on veut établir
Hors de là, il n'y a que volonté propre, infidélité et
désordre. Mais la peine que nous édictons n'est-elle
pas au-dessus du manquement? Non; car il n'y a
pas de plus grandes fautes que celles de la volonté
libre et réfléchie, surtout lorsque ces fautes sont de
nature à entraîner les plus graves conséquences. E
tel est le cas présent.

Art. 10. « Les élus qui refusent le mandat qu
» leur est offert, ainsi que les Conseillers démission
» naires ou révoqués, sont inéligibles, non-seulemer
» pendant le courant de la session actuelle, ma
» encore pendant toute la durée de la session su
» vante. »

Cette disposition serait un stimulant pour l'acce
tation du mandat, pour l'entier accomplissement de
obligations qu'il impose, et pour le maintien d
Conseil dans la ligne de ses attributions. Cela co
perait court aux manœuvres de ceux qui ne donne
leur démission que pour être immédiatement réél
et rentrer au Conseil avec des prétentions abusiv
et froissantes pour leurs collègues. On compre
d'ailleurs ces démissions et réélections avec le fa

2.

principe de la souveraineté du peuple, car alors c'est un nouveau baptême que l'on va chercher dans la manifestation autoritaire de l'opinion publique ; mais on ne les comprend plus lorsqu'on considère les élections à leur point de vue véritable, et tel que nous l'avons expliqué.

Arrêtons-nous là, et ne disons rien des attributions du Conseil municipal, puisque nous ne légiférons pas et que nous ne nous sommes proposé de ne traiter de la représentation du peuple qu'en ce qui touche directement ou indirectement à la question électorale.

Maintenant, faisons un pas en avant.

III

Il nous paraît indiscutable que le centre réel des communes, le pivot naturel autour duquel elles se meuvent, est le chef-lieu d'arrondissement. Le chef-lieu départemental n'a pas au même degré une propriété naturelle de rayonnement et de concentration qui s'étende sans effort du centre aux extrémités pour revenir ensuite des extrémités au centre. Sans les rouages administratifs établis dans les préfectures, il arriverait quelquefois que des arrondissements entiers n'auraient presque aucune relation avec le chef-lieu du département.

Il serait donc sage et habile de constituer, dans tous les chefs-lieux d'arrondissement, un conseil formé des représentants de toutes les communes de l'arrondissement, et cumulant une partie, sinon la totalité, des attributions actuelles des Conseils généraux et des Conseils d'arrondissement déjà existants, avec une partie de celles des Conseils de préfecture. Et l'un des avantages de cette institution, avantage que nous n'estimerions pas être le moindre, serait qu'on pourrait trouver là un moyen de décentralisation administrative et vraiment libérale à l'abri de tout danger.

Nous sommes aujourd'hui dans un courant sérieux de décentralisation et on a fini par comprendre que la bureaucratie nous étouffe. Au siècle dernier, dans le but d'éteindre jusqu'au moindre souffle de la vie féodale, on a, d'une part, désagrégé tous les liens territoriaux naturels, et d'autre part, constitué une centralisation excessive. Aussi le but a-t-il été de beaucoup dépassé. Or, en ce moment, les volontés tendent à revenir en arrière, parce qu'on souffre du nouvel excès, comme on avait souffert jadis de l'ancien.

Mais il est difficile que toute impulsion populaire s'arrête aux bornes voulues. L'esprit public est une lourde machine, et, quand une fois ce grand corps est mis en mouvement, sa pesanteur multipliant l'effort de sa vitesse, il ne s'arrête plus que bien au-delà du but. Et c'est pourquoi nous entendons gronder les mots de fédération républicaine, ce qui serait pour la France, si de telles aspirations venaient à se réaliser, un pas de recul d'une portée incalculable.

Malheureusement, il n'y a pas jusqu'à la nouvelle loi sur les attributions des Conseils généraux qui ne soit redoutable dans cet ordre d'idées. On a imaginé là, contre une surprise de la révolution, contre le renversement possible du gouvernement, un fonctionnement qui ne nous paraît pas pratique, et qui, au contraire, pourra favoriser, plus qu'on ne le prévoit, les tendances fédératives et anarchiques.

Il serait donc très prudent, pour ne pas dire indispensable, de tenir compte d'un besoin réel de notre temps, et de lui donner une satisfaction suffisante et inoffensive pour empêcher l'élan populaire de prendre son terrible essor, et de faire courir à la patrie les risques mortels d'une dislocation.

L'institution des Conseils d'arrondissement avec les attributions administratives les plus étendues possibles serait, à notre avis, un excellent moyen d'atteindre ce but. Chaque commune aurait, en effet, tout près d'elle, au chef-lieu d'arrondissement, un représentant nommé par elle, représentant qui connaîtrait ses besoins et ses droits, et qui aurait la puissance de les faire valoir directement et efficacement au sein d'un Conseil ayant autorité et dont il serait membre. Par ce moyen, on décentraliserait réellement, sans avoir à craindre, comme avec les Conseils généraux, des tentatives de séparation, car le peu d'étendue territoriale et la multiplicité des arrondissements rendraient ces derniers radicalement impuissants pour une entente fédérative.

Nous n'aborderons pas, dans cette étude, le détail des attributions de ce nouveau rouage administratif et représentatif. Ce serait sortir de notre cadre.

Mais, comme pour les Conseils municipaux, nous allons énumérer tout ce qui, dans la constitution de ces Conseils d'arrondissement, peut se rapporter d'une manière plus ou moins directe à la grande question électorale, au suffrage universel.

IV

D'abord, à qui appartiendrait la nomination du représentant communal appelé à être membre du Conseil d'arrondissement? Serait-ce à la masse des électeurs de la commune, ou aux Conseillers municipaux?

Dans les campagnes, il n'y aurait pas une grande difficulté à obtenir un vote effectif des électeurs, *toujours sans présentation préalable de candidats;* mais, dans les villes, il y aurait souvent impossibilité d'arriver à un résultat pratique.

Nous concluons de là qu'il conviendrait d'établir, comme règle générale, que les Conseillers municipaux seraient exclusivement chargés de nommer le représentant de la commune au Conseil d'arrondissement. D'ailleurs, le corps municipal étant sans contredit, avec notre mode d'élection, la réunion des hommes les plus méritants de la commune, il est naturel de croire que ces derniers sont aussi les plus aptes à faire le meilleur choix pour celui qui doit prendre les intérêts de tous dans une assemblée de l'importance des Conseils d'arrondissement par rapport aux communes. Cela n'empêcherait pas de regarder ces élus comme des élus du suffrage universel, puisqu'ils seraient nommés par un corps issu de ce suffrage.

Donc, procédant encore par articles, comme pour les Conseils municipaux, nous proposerions :

Art. 1er. « Chaque Conseil municipal nomme un » représentant qui sera membre d'un Conseil d'ar- » rondissement formé de tous les délégués des » Communes de l'arrondissement. »

Pourquoi *un* et *un seul* délégué par commune ?

Un, parce qu'il serait indispensable que chaque commune, même la plus petite, eût au sein du Conseil d'arrondissement un mandataire chargé de faire valoir ses droits. Cela n'a pas besoin de démonstration, car comment être représenté sans représentant ?

Et *un seul,* quel que soit le chiffre de la population : 1° afin de ne pas constituer des assemblées trop nombreuses, ce qui aurait des inconvénients ; 2° pour qu'il y ait plus d'unité et d'efficacité dans la représentation elle-même de chaque commune, car s'ils étaient plusieurs pour représenter un même intérêt, ils pourraient, ou s'annihiler par leurs divergences de vue, ou compter mutuellement les uns sur les autres, ce qui rendrait la représentation nulle dans la pratique ; 3° parce qu'il ne faut pas oublier ce que nous avons prouvé, à savoir que l'essence du droit ne découle pas du nombre, et que, par suite, il n'est pas juste que la commune plus forte ait, en fait de droits, plus de moyens à sa disposition que la commune plus faible ; car les communes étant des personnes morales, elles puisent leurs droits dans leur existence même, et non dans le chiffre de leur population.

Cependant le principe ci-dessus sacrifierait-il les grands centres aux petits ? Nullement, parce que l'intérêt des villes étant aussi l'intérêt des petites communes, il n'est pas à craindre que les représentants de ces dernières se coalisent contre le représentant d'une des premières; ils iraient contre leur propre intérêt. Tout au contraire, si l'on examine les tendances des grands centres par rapport aux petits, on s'aperçoit bien vite que les premiers sont inclinés naturellement à absorber, à sacrifier les seconds, et qu'il serait alors à désirer qu'au sein des Conseils d'arrondissement, il y eût plutôt, si c'était possible, un certain contre-poids en faveur des petites communes.

ART. 2. « Lorsque les Conseillers municipaux ont
» à élire le représentant de la commune au Conseil
» d'arrondissement, chaque électeur inscrit, ou aura
» fait inscrire à l'avance, sur son bulletin, les noms
» de trois des habitants de la commune qui lui
» paraissent mériter le mandat communal. Au
» dépouillement des votes, le citoyen qui réunit le
» plus de nominations, et quel qu'en soit le chiffre,
» le premier rang sur les bulletins comptant pour
» trois voix, le second pour deux, le troisième pour
» une, est le représentant proclamé, et le mandat
» lui est offert par une députation d'honneur. »

Cette inscription de trois noms à la fois pour une seule nomination, a pour but de rendre plus respectable le résultat du vote. Il faut, en effet, prévoir que les présentations étant interdites, les citoyens dignes du mandat pouvant être nombreux, et chaque électeur n'obéissant qu'à l'impulsion de sa conscience, il arriverait quelquefois, si un seul nom était inscrit sur les bulletins, que les élus ne réuniraient qu'un trop petit nombre de voix pour obtenir la considération générale; tandis qu'avec le système des trois noms, il est difficile d'admettre que le citoyen véritablement digne qui l'aura emporté, puisse ne pas réunir, en première, deuxième ou troisième ligne, un nombre de voix suffisamment imposant.

Les articles 3, 4, 5, 6, 7, 8, 9 et 10, sont les mêmes, sauf les modifications nécessaires, que les articles 2, 3, 4, 5, 7, 8, 9 et 10 proposés pour les Conseils municipaux. L'article 7, au lieu de concerner la présentation du Maire, concernerait la nomination du Conseiller d'arrondissement.

Art. 11. « Le Conseil d'arrondissement nomme » lui-même son président et le choisit parmi ses » membres. »

Ici il n'est pas nécessaire que le gouvernement intervienne comme pour la nomination des Maires, car le président de ces assemblées n'a pas à représenter le gouvernement, et dès lors il convient de laisser à ces corps représentatifs et administratifs la plus grande somme possible de liberté intérieure. La loi de leur constitution et de leurs attributions, loi au-dessus de leur volonté, peut suffire seule, surtout avec la sanction de l'article 9, pour les maintenir dans le droit chemin et donner toutes les garanties au gouvernement.

Il nous reste à traiter maintenant de la nomination des représentants de la nation à l'Assemblée législative.

V

En premier lieu, qui nommerait les députés? Inutile de démontrer que ce ne peut être le peuple par voie directe : car, sans présentation, on ne parviendrait pas à un résultat sérieux, et, avec présentation, ce serait rentrer à pleines voiles dans le domaine du charlatanisme. Déjà nous avons dû confier aux municipalités la formation des Conseils d'arrondissement, à bien plus forte raison ne pourrait-on pas laisser au peuple la nomination directe des députés.

D'ailleurs, le Conseil municipal ayant sa racine dans le suffrage universel, et le Conseil d'arrondissement ayant la sienne dans le Conseil municipal, il suffit de faire élire les députés par les Conseillers d'arrondissement pour que l'Assemblée législative tienne par la base au suffrage universel, et c'est assez.

Non pas que nous prétendions attacher à ce lien avec le suffrage universel la moindre idée de transmission originaire de l'essence de l'autorité. Nous avons assez combattu cette thèse pour qu'on ne puisse nous soupçonner de vouloir jamais nous appuyer sur ce faux principe, même indirectement ; mais c'est que l'organe de l'autorité législative devant être constitué par l'élection, il est sage de donner à son organisation la base la plus large possible, en d'autres termes, la consécration populaire.

Et c'est pourquoi, afin de bien faire saisir la distinction de ces principes, d'un côté nous ferions élire les députés par les Conseillers d'arrondissement, ce qui les rattacherait au suffrage universel ; et d'un autre côté, nous accorderions aux Conseillers électeurs la faculté d'aller chercher eux aussi leur candidat en dehors des membres du Conseil d'arrondissement ou des Conseils municipaux, ce qui démontrerait que le pouvoir législatif ne tire pas du vote populaire son droit essentiel d'autorité, mais seulement sa légitimité de formation et d'organisation. Ainsi, un simple citoyen n'appartenant à aucun corps inférieur déjà constitué, pourrait être appelé à faire partie de l'Assemblée supérieure de législation, pourvu toutefois qu'il réunisse les autres qualités requises pour l'exercice de ce haut mandat.

Nous n'aurions maintenant qu'à reprendre un à un tous les articles déjà formulés pour la constitution des Conseils municipaux et des Conseils d'arrondissement, et les appliquer à l'Assemblée législative. Nous ne fatiguerons pas nos lecteurs par ce travail inutile ; ils peuvent trop bien faire eux-mêmes ce rapprochement. Observons seulement que nous n'exceptons pas même de cette reproduction l'article qui réduirait le droit à un seul député par arrondissement, quel que soit le chiffre de la population de cet arrondissement, les mêmes motifs que nous avons développés à l'article 2 des Conseils d'arrondissement subsistant avec toute leur force pour la Chambre des députés.

VI

Résumons-nous en peu de mots. Dans notre plan, la représentation nationale comprendrait trois degrés hiérarchiques, reliés entr'eux par l'élection : 1° les Conseils municipaux, nommés directement par le peuple ; 2° les Conseils d'arrondissement, nommés par les Conseillers municipaux ; 3° l'Assemblée législative, nommée par les Conseillers d'arrondissement. Et ces trois représentations nationales auraient pour base, à l'origine, le suffrage universel judicieusement entendu et pratiqué, et à chaque degré, le principe électif fonctionnant avec compétence et sagesse, sans présentation préalable de candidats, et réalisant ainsi pratiquement et facilement le plan que nous avons tracé pour l'application du droit de suffrage à la nomination des pouvoirs.

Avec ce système, on obtiendrait des corps représentatifs véritablement en harmonie avec les sentiments de la majorité encore bonne de nos populations. Aujourd'hui, hélas ! il y a un grand fait qui se manifeste tous les jours avec une évidence plus frappante ; c'est que l'opinion des pères de famille pris en masse, est en contradiction formelle avec les actes et les tendances de toutes les assemblées sorties du suffrage populaire : Conseils municipaux dont les arrêts doivent être réformés par l'autorité supérieure, tant ils soulèvent de vives protestations ; Conseils généraux qui demandent, par exemple, l'instruction gratuite et obligatoire, quand les bons citoyens veulent garder en ce point leur autorité et leur liberté ; Assemblée législative nous laissant fixer en réalité dans la République, quand les populations, éclairées par nos désastres, ont reconnu et proclamé qu'il leur fallait et qu'elles voulaient autre chose; tous s'écartent à l'envi dans leurs décisions des pensées et des besoins de la vraie France. Et d'où vient ce phénomène ? Tout simplement d'élections plus ou moins faussées, d'élections faites avec le mode et les principes que nous combattons.

Rien de pareil n'arriverait avec le système proposé dans ce travail. Les Conseillers municipaux, sortis spontanément des urnes du peuple, formeraient des assemblées d'hommes vraiment méritants. Les Conseils municipaux étant ainsi bien composés, toutes les questions vitales qui touchent à l'administration des communes recevraient des solutions dictées par la sagesse et la justice, et approuvées de tous.

A leur tour, les Conseillers d'arrondissement nommés par la crème des honnêtes gens des communes, par les Conseillers municipaux, ne prendraient que des mesures utiles au bien de tout l'arrondissement, et unanimement applaudies.

Enfin, l'Assemblée législative qui couronnerait le tout, étant le fruit de votes libres et parfaitement éclairés, serait une Assemblée à la hauteur de sa noble et grande mission, une Assemblée en communion réelle avec le bon peuple; et nous aurions la joie de la voir travailler efficacement à la régénération de notre patrie.

VII

Cependant est-il sûr que nous ne nous fassions pas illusion? et suffit-il d'interdire les candidatures ostensibles pour obtenir le triomphe des consciences honnêtes? N'avons-nous donc rien à craindre des sociétés secrètes? N'est-ce pas même leur faire la partie belle que de désorganiser l'entente publique du bien, lorsque nous avons à redouter l'entente secrète du mal, vu surtout qu'il suffirait dans notre système, de réunir un nombre de voix relativement minime pour enlever une nomination?

A ces craintes légitimes, nous répondons : « Pour» quoi la nation tolère-t-elle des sociétes secrètes
» dont le but connu est de la désorganiser? On pour-
» suit aujourd'hui l'Internationale, du moins on a
» élaboré une loi dans ce but; mais applique-t-on
» résolûment cette loi? et la société poursuivie est-
» elle la seule secrète et perverse qui existe? Lors-
» qu'au lieu de tuer un serpent, on a la folie de lo
» réchauffer dans son sein, est-on fondé à se plaindre
» de la morsure de ce reptile venimeux? »

Réfléchissons d'ailleurs que rien n'est parfait dans ce monde, qu'avec notre nature déchue, les meilleures institutions, les plus sages combinaisons laissent encore une porte ouverte aux abus possibles, au travail malintentionné des passions. Toute médaille n'a-t-elle pas son revers? Avant que d'adopter ou de rejeter une idée, il faut faire la somme de ses avantages et de ses inconvénients; et si les premiers l'emportent sur les seconds, il serait souverainement inhabile, à moins qu'on ne trouvât mieux, de mettre l'idée de côté par la seule raison qu'il y a quelques inconvénients en regard de plus grands avantages.

Dans la question qui nous occupe, il est certain que les révolutionnaires s'efforceraient de substituer le mot d'ordre secret au mot d'ordre public; mais nous croyons qu'ils perdraient beaucoup au change. La grosse caisse leur est en effet nécessaire pour attirer la foule et faire nombre à leur suite. Cet instrument est l'apanage obligé de tous les charlatans, car sans le fracas d'une peau tendue ils demeureraient dans la solitude. Il ne faut donc pas s'effrayer outre mesure de la persistance que mettraient les révolutionnaires à vouloir encore fausser les élections.

D'autant que rien n'empêcherait les honnêtes gens de s'entendre dans l'intimité. Les relations privées de ceux-ci sont beaucoup plus fréquentes, beaucoup plus étendues que celles des gens tarés. A ces derniers, qui n'ont généralement pas d'intérieur dans toute la force et la dignité de ce mot, il faut le club, le lieu public, le journal; or, comme ces divers leviers leur seraient ôtés, ils se trouveraient condamnés à l'impuissance, tandis que les bons citoyens conserveraient tous leurs moyens d'action dans l'intimité. Ainsi les chances de la lutte électorale seraient renversées. Autant aujourd'hui le piédestal de la publicité et du faux éclat profite aux radicaux,

autant l'entente honnête des relations privées profite-
rait aux conservateurs, vu surtout les conditions
elles-mêmes dans lesquelles nos élections auraient
lieu ; car le peuple n'intervenant directement qu'au
premier degré, *et par fractionnements nombreux*, le
bataillon révolutionnaire ne pourrait voter en masse
pour une personnalité porte-drapeau, afin de la faire
triompher. Et lors même que quelques fractions de
ce bataillon parviendraient à remporter plusieurs
petites victoires, le mal serait relativement minime,
parce que leurs candidats ne seraient qu'en minorité
dans le Conseil.

Pour arriver à un triomphe sérieux, les radicaux
devraient réussir dans plus de la moitié des nominations municipales, ce qui est tout-à-fait improba-
ble, ce qui arriverait du moins très-rarement. Dans
ce cas, la commune en souffrirait, comme elle en
aurait souffert avec tout autre système électoral,
mais elle en souffrirait seule. Dès que ces succès
partiels voudraient fructifier dans un degé supérieur,
ils viendraient se perdre', se noyer dans la bonne
composition des Conseils d'arrondissement.

Si l'on veut admettre que le triomphe des révolutionnaires dans les élections municipales pourrait
être si général qu'il en sortît des Conseils d'arrondissement révolutionnaires, et par suite une Chambre
législative elle aussi révolutionnaire, c'est qu'il faudrait admettre que toute la nation serait révolutionnaire ; et quel est alors le système électoral qui
ferait arriver des conservateurs au pouvoir ?

Mais non, une telle proposition ne peut se soutenir, et un tel résultat n'est pas à craindre. Avec notre système, malgré tout le mauvais vouloir et toute l'astuce des ennemis de la société, les Conseils municipaux peuvent et doivent être composés en majeure parti d'honnêtes gens. Or, ce premier degré heureusement franchi, les deux autres degrés doivent l'être aussi heureusement, parce qu'ils découlent du premier.

Au surplus, pour augmenter encore les garanties, on n'aurait qu'à établir un double vote pour chacun des trois degrés de la représentation nationale. Le deuxième vote aurait lieu huit ou quinze jours après le premier et serait seul définitif. Par ce moyen si simple, chacun reconnaîtrait aisément la situation, on se compterait et l'on agirait en conséquence. Dans l'intervalle des deux votes, tous les candidats nommés au premier tour de scrutin et qui seraient résolus de ne pas accepter le mandat, devraient en faire la déclaration publique et officielle, afin que es voix puissent se concentrer à bon escient. De la sorte, le parti du bien aurait, autant que possible, tous les avantages de son côté, et s'il ne savait pas ou ne voulait pas les mettre à profit, c'est qu'il faudrait désespérer de tout système électoral.

Telle est donc la solution qui nous paraît la meilleure au sujet du problème que nous avons posé. Nous la livrons à la publicité afin qu'elle subisse le choc de la discussion. Si elle est mauvaise, elle sera rejetée, mais nous aurons rempli un devoir ; si elle est reconnue bonne ou susceptible d'amélioration,

nous aurons rendu service à notre pays, et la satisfaction que nous éprouverons sera notre récompense.

VIII

Nous n'avons pas fait entrer dans notre plan
d'organisation de la représentation nationale, une
Chambre haute, Sénat ou Chambre des Pairs, bien
qu'il soit possible de recruter ces grands corps par
l'élection. C'est que nous ne nous sentons pas très
partisan de ce rouage gouvernemental tel qu'il a
été conçu et organisé jusqu'ici. Assurément, en
théorie, rien ne paraît plus sage que l'institution
de ces respectables corps renfermant en un seul
faisceau toutes les grandes lumières, toutes les
expériences consommées, toutes les glorieuses illus-
trations d'un pays, et chargés d'être les pondérateurs
de la machine gouvernementale; mais, dans la pratique, ils ne répondent pas suffisamment à l'idée que
s'en est formée le législateur.

Il faut bien le reconnaître, notre siècle a plus de foi
et d'inclination pour l'idée de progrès que pour l'expérience du passé. C'est un malheur, car c'est préférer
l'inconnu, mais c'est un fait, et les faits s'imposent.

Or, avec cette propension de notre esprit national,
si un conflit s'élève, et il est impossible qu'il ne s'en
élève pas, entre le Sénat et le Corps législatif, le
premier étant le représentant du passé et de l'aris-
tocratie (dans ce mot nous comprenons tous les
genres de supériorité), le second celui de l'avenir et

du peuple, l'opinion publique se déclarera toujours en faveur de ce dernier, et elle pèsera d'un tel poids dans la balance, que si la lutte se prolonge, cette lutte peut engendrer une fermentation populaire très-dangereuse.

Cela est si vrai que toutes nos Chambres hautes ne se sont maintenues, ou n'ont évité les plus graves complications, qu'en ne remplissant que très-imparfaitement le mandat que cependant elles auraient voulu remplir.

Or, une telle abdication rend un Sénat non-seulement inutile, mais encore dangereux. Pourquoi ? Parce que le législateur qui l'a créé s'est reposé sur lui comme sur un frein nécessaire dans la constitution des pouvoirs publics ; et ne soupçonnant pas son inefficacité, sans quoi il ne l'aurait pas organisé, il a négligé de le remplacer par un autre frein plus réellement efficace ; et alors le contre-poids nécessaire n'existe plus dans la constitution, au grand détriment de la chose publique.

Tel est le grave motif pour lequel, tout en ayant dans le cœur le respect le plus profond pour les membres si distingués du plus grand corps de l'Etat, nous ne voudrions pas voir reparaître cette institution sur la scène Française, du moins dans les mêmes conditions que par le passé. Nous préférerions lui voir attribuer le role de conseiller secret du gouvernement.

En attendant que nos meilleurs politiques aient trouvé une combinaison qui fasse disparaître ou qui amoindrisse notablement l'inconvénient si grave que nous venons de signaler, et comme d'ailleurs l'abondance de biens ne nuit jamais, nous désirerions voir placer dans la Chambre législative elle-même un modérateur aussi efficace qu'il est indispensable. Voici comment on pourrait y réussir:

D'abord en élevant la limite d'âge, pour être député, à 35 ans au moins, si non à 40, au lieu de 25 comme aujourd'hui, et de 30 comme nous avons proposé pour les Conseils des Communes et des arrondissements. De la sorte, le degré de maturité augmenterait en proportion de la gravité et de l'étendue des responsabilités, et la Chambre législative étant généralement composée d'hommes plus mûrs, aurait moins à redouter les entraînements généreux, mais imprudents, auxquels est exposée toute représentation populaire.

Ensuite, en imposant à la Chambre une double discussion et un double vote pour chacune des lois qu'elle est chargée d'élaborer et de présenter à la sanction du gouvernement. Nous ne disons pas deux lectures, mais deux discussions, réelles, complètes, et deux votes formels. Ces deux discussions et votes seraient séparés par au moins un mois franc d'intervalle, et le deuxième vote ferait seul loi, quel qu'ait été le premier.

Pendant le mois qui séparerait les deux discussions, les esprits auraient le temps de se calmer, d'approfondir leurs jugements et de sonder l'opinion publique. Puis, le dernier débat venant mettre en commun le résultat des méditations de tous, le vote définitif aurait alors lieu dans les meilleures conditions possibles de maturité et de sagesse.

La seule objection que l'on pourrait faire à l'institution de cette règle, serait l'inconvénient de prolonger outre mesure les sessions législatives. Mais il y a à cela un remède bien simple. C'est de n'accorder que peu de temps aux discoureurs pour l'exposition de leurs idées. En décrétant qu'un orateur pourrait prendre la parole deux fois dans le cours d'une même discussion, et qu'il aurait le droit d'occuper la tribune un quart-d'heure, ou tout au plus une demi-heure chaque fois, ce serait suffisant pour les nécessités réelles de la discussion.

Avec le mode suivi aujourd'hui, les séances de la Chambre sont souvent fastidieuses et dangereuses. A part quelques grands discours que l'on écoute avec intérêt et qui gagneraient encore à être condensés, on y a les oreilles rassasiées par un flux de paroles aussi inutile qu'interminable. Or ce n'est pas avec des wagons de mots qu'on expédie les affaires. Il y faut avant tout du bon sens, et le bon sens est quelque chose de naturellement évident qui n'a pas besoin nécessairement d'éloquence pour primer dans les esprits. Tandis que les plus mauvaises causes peuvent l'emporter avec le secours d'une parole habile maniée trop longtemps. Il suffit, pour s'en convaincre, de se rappeler le déplorable succès de la trop fameuse théorie des trois tronçons après la défaite de l'Autriche à Sadowa. M. Thiers lui-même, cet homme si rompu aux luttes parlementaires, fut momentanément désarçonné (il l'avouait à la séance suivante) par l'éloquent discours de M. Rouher. Et hélas! la victoire si complète que la Prusse a remportée sur nous, s'est chargée de nous faire toucher du doigt le vice caché et fatal de cette argumentation éblouissante.

Il y aurait donc avantage de mesurer le temps aux orateurs, afin de modérer sagement la trop grande puissance de l'éloquence. D'autant que plusieurs députés beaux parleurs font de la tribune une chaire licencieuse pour prêcher au peuple les doctrines les plus funestes. Ils savent très-bien que certains de leurs discours n'auront aucune prise sur la Chambre; mais peu leur importe, ils visent un autre but, le peuple, but qu'ils atteignent, hélas! par la voie des journaux. Or, cette tactique leur réussirait beaucoup moins, si on ne leur laissait pas le temps de donner à leurs fausses maximes de ces développements qui sont malheureusement entraînants pour la généralité des esprits.

Nous pourrions encore observer qu'en supprimant les longs discours on rendrait possible l'accès de la tribune à plusieurs députés très-capables en affaires, mais qui, n'ayant pas une grande facilité d'élocution, ou ne sachant pas faire ce qu'on appelle rigoureusement un discours, sont réduits à garder le silence, et privent ainsi le pays des grandes lumières qu'ils possèdent.

Donc, la double discussion et le double vote que

2...

nous proposons pour remplacer ou corroborer le frein modérateur d'un Sénat, n'auraient pas le moindre inconvénient et réuniraient de sérieux avantages.

IX

En terminant cette longue étude, nous éprouvons le besoin de déclarer que nous ne voudrions pas voir soumettre la forme même du gouvernement au hasard d'un vote. La France est issue de la monarchie héréditaire, et ce dernier principe est si nécessaire à son tempérament, que depuis qu'elle l'a répudié, elle ne fait que rouler de précipices en précipices, de révolutions en révolutions.

En effet, les nations ne peuvent aller contre les lois de leur nature, sans s'acheminer vers le désordre, la maladie et la mort. Or, les peuples, comme les individus, ont bien le pouvoir, mais ils n'ont pas le droit de se désorganiser, de se rendre malades et de se suicider.

Nous mettons donc la forme gouvernementale reconnue nécessaire à la constitution d'une nation, au-dessus du vote de ses enfants, au-dessus de tous les suffrages universels. Et si nous souhaitons à notre chère Patrie le retour définitif dans son sein de la monarchie légitime sans laquelle elle ne saurait reprendre son équilibre, nous souhaitons non moins ardemment que ce retour s'accomplisse par acclamation et non par la porte dangereuse d'un vote, de peur que le peuple ne vienne à croire qu'il a le droit de démolir ce qu'il aurait eu le pouvoir de rétablir. Ce droit ne lui appartiendrait pas plus que celui de jeter à bas Notre-Dame de Paris que nos pères ont élevée et que notre génération a restaurée; car de tels monuments sont autant la propriété de l'avenir que celle du présent et du passé.

CONCLUSION

Nous n'aurions ici qu'à poser la plume si nous ne désirions retirer de cette longue étude deux conclusions immédiatement praticables.

Première conclusion. — Quoique le suffrage universel soit un instrument mauvais mis entre les mains de la nation, il nous faut, en attendant une réforme indispensable mais qui peut, hélas! tarder beaucoup, il nous faut faire comme les bons ouvriers qui savent encore exécuter de la besogne passable avec un outil médiocre.

Le mal des esprits est grand sans doute, beaucoup trop grand, et surtout il s'étend avec une rapidité bien menaçante; mais enfin les honnêtes gens l'emportent encore en nombre sur les méchants, et si, à chaque élection, les premiers attachaient à leur vote la valeur que ce vote comporte, s'il y avait moins d'abstentions, on ne verrait pas le parti du mal se réjouir si souvent de victoires imméritées.

Nous nous sommes quelquefois demandé d'où venait ce désintéressement imprudent, cette apathie coupable des conservateurs en face de l'organisation et de l'audace des révolutionnaires, et à cela nous avons trouvé plusieurs causes.

D'abord, l'honnête homme se soucie peu de voter pour un personnage qu'il ne connaît le plus souvent que par d'insuffisantes proclamations, comme cela arrive huit fois sur dix avec notre mode actuel de suffrage.

Puis, il se trouve plus porté, par nature, à s'effacer modestement, à se taire, à demeurer en repos, qu'à se produire tumultueusement dans une lutte électorale.

Mais à côté de ces raisons qui paraissent bonnes, il entre malheureusement, dans toutes ces abstentions, une forte dose d'indifférence politique et un véritable manque de dévouement à la Patrie.

Il faut reconnaître cependant que plusieurs péchent ici par ignorance. Ils ne se rendent pas compte du résultat, funeste pour la société, de leur désintéressement de la chose publique. Ou bien ils se disent : « Une voix de plus ou de moins, qu'importe ? cela ne changera rien à l'élection ; je n'ai donc pas motif d'intervenir. »

Quel raisonnement d'aveugle ! et comment, avec une pareille politique dans les élections, arriverons-nous jamais à un succès sérieux ? Ah ! si ces indolents pouvaient se douter de la force immense que recèle dans son sein toute affirmation énergique, fût-elle isolée !

Lorsque le Christ est venu renouveler la face de la terre, de quel levier s'est-il servi pour atteindre son but? De l'irrésistible force d'affirmation. Sans doute il a fait des miracles, mais par-dessus tout il a enseigné, il a affirmé, et il a donné son sang à l'appui de son affirmation. Plus tard, quand il a envoyé ses apôtres à la conquête du monde, de quelle arme puissante les a-t-il principalement munis? De celle dont il s'était servi lui-même, de l'affirmation, de l'affirmation jusqu'au martyre, et le paganisme a été vaincu.

Dans un ordre de choses purement humain, mais tout à fait en rapport avec le sujet qui nous occupe, nous trouvons encore un grand exemple de la puissance de l'affirmation. C'était dans l'ancienne chambre impériale. Cinq opposants osèrent se lever et affirmer leurs principes envers et contre tous. Leur voix parut d'abord un vain écho; mais l'arbrisseau de l'opposition était planté, et les années le développèrent et le fortifièrent à un tel point, que, devenu grand arbre, il épouvantait déjà, avant que la guerre ne l'eût déraciné, le vieux cèdre qui régnait alors sur nous.

Pourquoi donc, nous qui défendons la bonne cause, n'aurions-nous pas le même courage d'affirmation et le même espoir de succès? Oui, songeons sérieusement que, dussions-nous être toujours en minorité, notre énergique revendication suffirait cependant pour tenir en bride une majorité perverse et l'empêcher de nous faire tout le mal qu'elle voudrait. Et ce serait déjà là une considération plus que suffisante pour nous engager à la lutte.

A combien plus forte raison devons-nous nous sentir animés au combat, si nous réfléchissons que nous sommes le nombre, et qu'en étant simplement fidèles à ce qui est pour nous un devoir rigoureux, nous pouvons être la majorité.

Donc, accourons tous aux urnes électorales, qu'aucune considération ne nous retienne, votons toujours, votons quand même, faisons voter autour de nous ! Et alors, malgré les défectuosités de notre suffrage universel, nous enfoncerons sûrement les bataillons révolutionnaires.

Deuxième conclusion. — Lorsque la masse d'une nation est pénétrée d'une idée fausse, il est extrêmement difficile et long de la faire revenir à la vérité. C'est là une œuvre immense qui, pour réussir, réclame les efforts communs et persévérants de tous ceux qui ont déjà aperçu le rayon de lumière : car le venin ayant pénétré partout, il faut être une armée pour l'atteindre partout et en neutraliser les funestes effets.

Or, aujourd'hui, le faux principe de la souveraineté populaire s'est infiltré jusqu'au fond des entrailles de la nation Française, et ce poison doit à la longue nous donner la mort si nous ne le rejetons pas. Prenons donc la résolution de travailler tous à faire comprendre autour de nous que l'autorité n'a pas pour base le nombre qui est dans la multitude, mais la sagesse et la justice qui sont en Dieu. Regardons

comme un devoir de démontrer en toute occasion
les avantages immenses qui découlent de cette doc-
trine de vérité, et les malheurs que nous prépare son
rejet. Ayons le courage de dire au peuple qu'on le
joue quand on lui met pour sceptre dans les mains
un vrai roseau de souveraineté; qu'il lui est d'ailleurs impossible, sauf dans quelques circonstances
tout à fait exceptionnelles, de manifester une volonté
éclairée sur des problèmes qui sont au-dessus de sa
compétence, et que son droit se borne à confier aux
plus dignes, c'est-à-dire aux plus vertueux, un
ministère d'études et de décisions auquel il doit
respect et obéissance.

Et si nous craignons d'argumenter dans le vide,
ou si nous ne nous sentons pas assez exercés pour
démontrer avec puissance, rappelons-nous ce que
nous venons de dire sur les immenses effets de la
force cachée mais certaine de la seule affirmation, et
contentons-nous d'affirmer énergiquement ce que
nous savons être la vérité. Ce sera confier à la terre
la semence que nous avons reçue. Le temps, ce
grand ministre de Dieu, se chargera ensuite de verser
sur elle des flots de rosée et de chaleur, afin qu'elle
germe, qu'elle croisse et qu'elle arrive à maturité.

En agissant de la sorte, nous imiterons l'exemple
magnanime que nous a donné, il y a quelque temps,
le représentant de la légitimité et de l'antique race
de nos Rois, lorsqu'il n'a pas craint la contradiction
pour faire entendre à la France entière une parole
de salut.

Il est vrai, ses affirmations sont méconnues à l'heure présente; l'étincelle qui a jailli de son cœur est obscurcie par l'amoncellement qui s'est fait aussitôt sur elle des idées contraires qui dominent dans la nation; mais attendons un peu, laissons au nouvel ouragan révolutionnaire qui se prépare, et qui est, hélas! plus prochain qu'on ne pense, parce que notre équilibre gouvernemental repose sur la vie d'un homme, chose toujours fragile, laissons à cet ouragan le temps de déchaîner ses fureurs, et nous verrons cette masse de cendres se disperser aux quatre coins de l'horizon, et nous verrons l'étincelle aujourd'hui méconnue s'aviver alors d'un éclat éblouissant, et devenir, au milieu de l'horrible tempête, notre phare sauveur, car elle nous montrera la route qui seule peut nous conduire au port.

Oui, suivons, en ce qui nous concerne, le grand exemple qui nous est donné par le comte de Chambord, ne craignons pas de proclamer la vérité envers et contre tous, et nous aussi nous verrons un jour le triomphe de nos affirmations et de nos principes; et en attendant ce triomphe, nous aurons, par notre courage et notre dévouement, bien mérité de Dieu et de la Patrie.

Toulouse. — Imp. J.-M. BAYLAC, rue de la Pomme, 34.

www.ingramcontent.com/pod-product-compliance
Lightning Source LLC
Chambersburg PA
CBHW051610060726
47597CB00004B/1224